AF454385

LE BERCEAU,

DIVERTISSEMENT

Donné à l'occasion de la Naissance du Fils de Monsieur de CAUMARTIN, Intendant des Trois-Evêchés, exécuté le 19. Septembre 1754. sous les ordres de Messieurs les Magistrats de la Ville de Metz, par les Comédiens ordinaires.

A METZ,

Chez JOSEPH COLLIGNON, Imprimeur de l'Hôtel de Ville & du Collége, Place Saint Jacques, à la Bible d'Or.

M. DCC. LIV.

AVERTISSEMENT.

L'Amour, le respect & la reconnoissance pour les illustres Personnages dont il est question dans cet ouvrage, en ont fait le succès sur la Scéne, on veut le hazarder à l'impression ; j'y souscris aux dépens même de mon amour-propre. On m'a chargé de cet ouvrage par la poste, je l'ai fait partir d'un courier à l'autre ; à peine ai-je eu le tems de le relire. Les Portraits que je n'ai fait qu'ébaucher, auroient effrayé les plumes les plus hardies ; ils sont tous au-dessus de mes foibles talens, j'en conviens : en effet, comment faire l'éloge du plus grand Politique & du plus grand Heros que la France ait vû naître ? Je mets sur le compte de l'Editeur toutes les imprécations que le Lecteur fera contre moi.

ACTEURS.

APOLLON, *M. Denelle.*

MARS, *M. Desgravier.*

MERCURE, *M. La Batte.*

L'AMOUR, *M. Gardel Fils.*

L'HIMEN, *un Danseur.*

JUNON fous le nom de LUCINE, *Mad. Gardel.*

VENUS, *Mlle. Duboulay.*

PALLAS, *Mlle. Emilie.*

LES GRACES, *Mlles. Favier, Duboulay & Seguin.*

Troupe de Guerriers

LE BERCEAU,

DIVERTISSEMENT.

Le Théâtre repréſente une vaſte Campagne.

SCÉNE PREMIERE.

MERCURE *ſeul.*

AR les ordres exprès du maître du tonnerre
  Je cours pour raſſembler les Dieux :
Ils ſe ſont aviſés d'abandonner les Cieux,
Et de vouloir fixer leur ſéjour ſur la terre.
  Mars ne doit point être loin de ces lieux,
J'ai vû l'appareil de la guerre. *
Où trouver l'Himen & l'Amour ?

* Il parle
du Camp ſur
la Sarre.

En bonne intelligence ils font partis enfemble;
Et l'on croit que dans ce féjour,
Sous des lambris dorés, l'amitié les raffemble;
Voilà ce qui s'appelle encore du merveilleux:
La chofe n'eft pas ordinaire.
Si je les trouvois tous les deux
S'ennuyant dans quelque chaumiere,
J'aurois tort d'en être furpris;
Je rirois moins de l'avanture;
On les y voit quelquefois réunis.
S'ils font dans un palais (on dit la chofe fûre)
On verra bien qu'ils n'ont point pris Mercure
Pour leur maréchal-des-logis.
Que vois-je! c'eft Junon fous les traits de Lucine!
Vient-elle de veiller à quelqu'accouchement?
Feignons, & prêtons-nous à fon déguifement;
Son fexe a très-fouvent des fecrets qu'on dévine.

SCÉNE SECONDE.

MERCURE, LUCINE.

MERCURE.

CHafte Lucine, où courez-vous?

LUCINE *avec tranfport.*

Apprendre aux Dieux une bonne nouvelle.

MERCURE *la retient.*

Arrêtez donc! que vous êtes cruelle!

LE BERCEAU.

Puifque nous nous trouvons enfemble, parlons nous.
Approchez donc.

LUCINE *voyant Mercure qui badine*
avec fon Caducée.

Non, je crains un coup d'aîle.

MERCURE *avec malice.*

La bleffure, en tout cas, n'en feroit pas mortelle.
A part.
Si tout le monde, hélas, craignoit ainfi mes coups,
L'on n'auroit pas fi fouvent befoin d'elle.
A Lucine.

Je cours, fans fçavoir où je fuis.
Puifque vous connoiffez la carte du pays,
Daignez m'en informer.

LUCINE.

Vous badinez, Mercure,
Vous voulez m'arrêter, je le vois, je ne puis.

MERCURE.

Je ne le fçais pas je vous jure.

LUCINE *avec ironie.*

De vos fermens je connois tout le prix,
Vous ne fçauriez être parjure.

MERCURE.

Je n'ai jamais pénétré dans ces lieux.

LUCINE.

Pour les habitans, eh tant mieux!

MERCURE.

Tant mieux ! cette réponfe eft, Lucine, un peu dure.

LUCINE.

Mais quoi le Meffager des Dieux,

Qui fe mêle de tout? . . . .

MERCURE.

Votre erreur eft extrême.

Le plus petit Dieu, fur ma foi,

Fait à préfent tout par foi-même.

Ils auront vû fans doute, ou du moins je le crois,

Qu'en agiffant pour eux, je travaillois pour moi:

Je leur ai cependant fait quelque facrifice;

L'ingratitude, hélas, marche avec l'injuftice :

Dans l'Olimpe en ce jour, me voyant fans emploi,

Et mes heureux talens voulant de l'exercice,

Je viens chez les mortels demander du fervice.

LUCINE.

Vous n'êtes guere conféquent ;

Car vous avez déja dit le contraire.

Vous vous piquez d'être éloquent,

Mais pour la bonne foi c'eft bien une autre affaire.

MERCURE.

Vous m'en voulez de loin, ce trait eft trop piquant.

Allons au fait chafte Déeffe,

Du fujet de votre allégreffe,

Daignez me faire part, vous me tenez rigueur?

LUCINE

LUCINE *avec enthousiasme.*

Quelle heureuse naissance! Et pour moi quel bonheur! . . .

MERCURE.

Il faut m'en informer, Lucine,

Et je ne vous retiendrai plus.

LUCINE *avec transport.*

Est-il de plus belle origine

Que celle que l'on doit aux graces, aux vertus ?

MERCURE.

Mettez-moi dans la confidence.

Après avoir réfléchi,

J'y suis; & je comprends que l'Himen & l'Amour

Avec Pallas d'intelligence,

Président à quelque naissance.

Voilà du céleste séjour

Le vrai sujet de leur absence.

N'est-ce pas En conviendrez - vous ?

LUCINE *avec la joye la plus vive.*

Vous l'avez dit. De deux tendres époux

L'Amour donne à l'Himen le plus précieux gage ;

Heureux si, pour son appanage,

Ce tendre fruit du plus parfait amour

Par les traits, par l'esprit, par le cœur est l'image

De ce couple charmant qui lui donne le jour ;

L'on ne sçauroit des Dieux exiger davantage.

Pour conserver son cœur aussi pur, aussi beau,

Qu'il l'a reçû de la nature,

J'ai fçû dans cette conjonĉture,

Aux Dieux demander un Berceau.

A cet Enfant ils feront tous propices.

Les ridicules & les vices

Infeĉtent ceux qu'on voit d'un poifon dangereux:

La vertu tous les jours vainement en murmure,

Sa foible voix ne va pas jufqu'aux Cieux;

Quelquefois il eft vrai qu'elle eft un peu trop dure.

Le vice plus adroit & plus ingénieux

Prend, pour aller au cœur , une route plus fûre;

Sous une riante impofture

Il flatte , il loue, il careffe, il féduit;

Loin d'ordonner, lui-même il obéit;

Du penchant des mortels il connoît la mefure;

Contre eux jamais fon goût ne fe roidit;

Vil complaifant du cœur & de l'efprit,

Il étend fon pouvoir fur toute la nature.

On entend un prélude de fymphonie, & le ciel fe couvre d'un nuage.

M E R C U R E.

Des Elémens qui peut troubler la paix?

Quel bruit ici fe fait entendre ?

L'azur des Cieux fe perd dans un nuage épais,

Jufqu'à nous je le vois defcendre,

Et ces lieux font changés en un brillant Palais!

Le Théâtre repréfente un beau Palais dont le faîte eft couronné par l'Olimpe.

LUCINE.

A mes défirs le Ciel vient de fe rendre ;
Il s'attendrit fur l'objet de mes vœux.

Grande fymphonie.

MERCURE.

Au bruit de ce concert le nuage s'entr'ouve ;
A mes fens étonnés l'Olimpe fe découvre.
Quel fpectacle frappe mes yeux !
Plus je le vois, plus j'ai peine à le croire :
De l'immenfité de fa gloire
Appollon vient remplir ces lieux.
De cet heureux Enfant apprenez-moi l'hiftoire ;
Eft-il un rejetton des Dieux ?

LUCINE.

Non. Il l'eft d'un mortel auffi bienfaifant qu'eux.
Au bonheur de fes jours Apollon s'intéreffe ;
Mars, Vénus & Pallas travaillent fous fes yeux
A former le Berceau qu'exige ma tendreffe.

Les Dieux fortent de l'Olimpe & s'avancent.

SCÉNE TROISIÉME.

APOLLON, MARS, MERCURE, PALLAS,
VENUS, & JUNON sous le nom de LUCINE.

APOLLON.

JUnon vos vœux font accomplis ;
L'Olimpe avec vous les partage.
Les habitans de cet heureux rivage
De nos bienfaits vont sentir tout le prix.
     Vous présidez à leur naissance ;
     L'aurore de leur existance
     Est un effet de vos soins généreux ;
Vous leur donnez le jour, nous les rendons heureux ;
Nous sommes tous l'objet de leur reconnoissance.

*   Faisant voir le Berceau qu'on destine au nouveau né.*
*   Il est formé avec des branches de Laurier & d'Olivier, du*
*   Mirthe & des Roses.*

     De nos dons les plus précieux
Dans ce Berceau vous voyez l'assemblage ;
     De notre amour il est le gage.
Minerve a bien voulu nous fournir l'Olivier ;

Désignant Mars.

     Nous deux cet immortel Laurier,
     Et Vénus le Mirthe & les Roses.

Apollon remet le Berceau entre les mains de Junon.

MERCURE.

Seigneur, n'y fournirai-je rien ?

APOLLON.

De tes préfens on fe paffera bien.

Mais il faut que tu te difpofes ,

Puifque tu veux être utile à ton tour,

A porter dans l'inftant nos ordres à l'Amour ,

A l'Himen même , ainfi qu'aux Graces;

Au plûtôt vole fur leurs traces,

Ils font dans ce Palais * à quatre pas d'ici ;

Tu les verras au tour d'une Mere charmante,

Ses jours leur donnent du fouci ;

Qu'ils viennent avec toi. Notre ame impatiente

Par des danfes & par des jeux,

Veut célébrer ce jour heureux.

Non, cette adorable mortelle

N'a rien à craindre de fâcheux ;

Vénus lui rend juftice , Hébé veille pour elle,

Et fon bonheur eft l'objet de nos vœux.

Mercure part pour aller chercher l'Himen , l'Amour & les Graces.

Que cet Enfant nous intéreffe !

C'eft vous immortelle Pallas ,

Qui guiderez les premiers pas

De fa jeuneffe.

Nous dévançons pour lui l'inftant de la raifon.

Il hérite déja de la gloire, & d'un nom

* L'Intendance eft près de la Salle du Spectacle.

Qu'un Satirique * armé d'une plume immortelle,

     souvent amer, rarement ingénu,

A la postérité cite comme un modéle

     De la plus austere vertu.

PALLAS.

     Il sçaura prévenir mon zéle,

Oüi, son nom m'en répond ; il est né vertueux.

Je n'irai point chercher dans Athénes, dans Rome,

Des exemples fameux pour en faire un grand homme :

     Il en trouvera sous ses yeux.

     Dans ces augustes sanctuaires

     Où Thémis rend ses oracles sacrés,

     Il trouvera l'histoire de ses peres

     Au milieu des noms revérés :

     A peine sorti de l'enfance,

Que Thémis en ses mains dépose sa balance,

     Elle l'inspire, elle l'instruit,

     Il se régle sur ses maximes ;

     Et son cœur s'ouvre aux plaintes légitimes ;

L'innocence triomphe, & le crime est proscrit.

     Guidé par l'exemple d'un Pere,

     Que l'on admire autant qu'on le chérit,

Equitable par goût, & par devoir sévere,

Sage dispensateur du suprême pouvoir,

     Comme son Pere, il fera voir

Que chez eux la vertu jamais ne dégénere.

* Boileau dans son Épitre à M. Dangeau.

VENUS.

Que l'un par l'autre foit heureux !

Et que le deftin favorable,

Prodigue fes bienfaits fur eux.

Admirez avec moi cette Mere adorable,

Qui fçait perpétuer un nom chéri des Dieux !

C'eft elle à qui je dois l'éclat de mon empire ;

Que les ris & les jeux fuivent partout fes pas,

Qu'elle fixe les vœux de tout ce qui refpire,

     Qu'on trouve en elle mille appas,

Je n'en fuis point jaloufe, en l'aimant on m'honore ;

Tous les cœurs, comme à moi, lui doivent des foupirs :

     Mais, hélas ! plus heureufe encore

     Elle fçait fixer leurs défirs.

JUNON.

     Quelle eft cette augufte mortelle

Dont la vertu foutient l'éclat des dignités ?

     Les cœurs volent au devant d'elle,

     Le refpect marche à fes côtés ;

Du Héros de nos jours, c'eft l'Epoufe fidelle, *

     L'efprit fe tait pour l'admirer.

     Heureux Enfant, fuivez fes traces ;

Puiffiez-vous hériter des vertus & des graces

     Qui la font partout adorer.

MARS.

     Si cet Enfant que le deftin nous donne,

     Veut marcher fous mes étendarts,

* Madame la Maréchale Ducheffe de Belleifle.

Pour lui faire goûter les leçons de Bellonne,
       Un Héros s'offre à mes regards ;
François, je vois ici l'appui de votre trône
Qui sçût fixer un maître au trône des Céfars.
Oüi, ce Heros ami de la folide gloire,
       Par fes exploits, & par fes mœurs,
       Doit autant vivre dans vos cœurs,
       Que fes triomphes dans l'hiftoire.
Les Graces arrivent fuivies de l'Himen & de l'Amour.

JUNON.

Je vois les Graces de retour.
Et par la main l'Himen conduit l'Amour.
Faifons tous éclater nos tranfports d'allégreffe !
       Qu'à nos plaifirs tout s'intéreffe !
Graces, Himen, Amour, prenez part à nos jeux,
Notre pouvoir triomphe en faifant des heureux.

     MARS *aux Guerriers de fa fuite.*

A célébrer ce jour que tout ici s'apprête :
Et vous jeunes guerriers fecondez nos défirs ;
       Venez animer cette fête :
Célébrer ce Héros, c'eft chanter nos plaifirs.
         On danfe.

DIVERTISSEMENT.

TROUPES de Guerriers chantans & dansans, aufquels fe joignoient les Graces, l'Himen & l'Amour.

On a pris le Divertiffement du quatriéme Acte de l'Opéra des Indes galantes, fur lequel on a mis des paroles convenables à la Fête.

Ce Ballet finiffoit par la Chacone, où les Graces & l'Amour régnoient au milieu.

Les Vers de Boileau, cités à la page 14. *fe trouvent dans fa Satire onze à M. de Valincour, & non dans fon Epître à M. Dangeau.*

Chacun de l'équité ne fait pas fon flambeau,
Tout n'eft pas Caumartin, Bignon, ni Dagueffeau.